Paul Dominik Hasler

Rückruf

Paul Dominik Hasler

RÜCKKRUF

Göttliche Dialoge

KREUZ

Inhalt

Gott

und Alfred 19, Mountainbike-Fahrer

A: Ach, war das göttlich!
G: Wie bitte?
A: Äh, ich habe nur gerade zu mir selbst geredet.
G: Über mich?
A: Nein, über die Abfahrt grad vorhin.
G: Und kam ich da vor in der Abfahrt?
A: Nein, ich habe nur so gesagt, es sei göttlich, weil es so toll war, grad eben.
G: Oh, das ehrt mich aber. Andere Leute sagen dann jeweils »teuflisch gut« oder »bestialisch gut«, was natürlich nicht immer das gleiche ist.

Gott

und Hans — 33, Sozialarbeiter

G: Äh, Hans...
H: Ja, Gott?
G: Ich wollte dir seit einiger Zeit einmal etwas sagen.
H: Ja, Gott?
G: Nun, es ist nichts Wichtiges, oder mindestens nichts Schwerwiegendes, es ist mehr eine Art Information oder Tip von mir.
H: Ja, Gott?
G: Weißt du, ich wollte dir eigentlich nur sagen, du solltest etwas mehr ...
H: Etwas mehr Mitgefühl zeigen? Zeige ich zu wenig Mitgefühl?
G: Nein, nein, Hans, du zeigst optimal viel Mitgefühl, du bist sehr mitfühlend; das ist es nicht; es ist mehr, dass du etwas ...
H: Dass ich globaler denken muss? Ich muss globaler denken, das ist es, stimmt's? Alle denken heute globaler, nur ich noch nicht. Ich werde globaler denken, Gott!
G: Nein! Ich meine: ja, das soll man, wenn man will, aber das ist nicht, was ich sagen wollte. Ich meine eher, du solltest deine ...
H: Meine weiblichen Seiten? Sind es meine weiblichen Seiten? Gott, du triffst mich an meinem wundesten Punkt!

G: Aber nein, Hans, deine Seiten sind weiblich genug, im Gegenteil, ich will dir etwas ganz anderes sagen ...

H: Die männlichen Seiten also! Ich habe es gewusst! Meine männlichen Seiten. Ich muss härter, stärker, forscher werden! Gott, ich habe dich verstanden. Ich will ein Mann werden! Ein Kämpfer Gottes!

G: Nein, Hans, lass das. Das will ich nicht. Zumindest nicht von dir. Ich möchte doch nur, dass du etwas ...

H: Ja, was?

G: Dass du ...

H: Ja, Gott?

G: ... etwas zufriedener bist mit dir.

Gott

und Sandra 13, verliebt

S: Oh, ich liebe ihn so! Er ist groß und stark und hat braune Haare.

G: Wie heißt er denn?

S: Roland.

G: Ach, ja, Roland. Netter Junge.

S: Was, du kennst ihn?

G: Klar, ich kenne doch alle.

S: Ah, ja. Und glaubst du, er liebt mich auch?

G: Vielleicht. Ich weiß nicht, frag ihn doch mal.

S: Was, du weißt das nicht?

G: Nein. Man muss ja nicht immer alles wisen als Gott. Und überdies ist hier auch eine gewisse Diskretion angezeigt, gerade für uns hier oben. Wir möchten ja nicht überall die Nase hineinhalten.

S: Du schaust also gar nicht zu, wenn wir miteinander schmusen?

G: Aber Sandra, wo denkst du hin! Der liebe Gott schaut doch nicht beim Schmusen zu.

S: Aber man sagt doch: Gott sieht alles.

G: Ja, schon. Aber manchmal schaut er nicht hin (schmunzelt).

S: Du schmunzelst! Gib zu, dass du zuschaust!

G: Nun, wenn es wirklich von Herzen kommt, dann schaue ich manchmal kurz hin. Aber nur dann.

Gott

und Natalie 36, Ärztin

G: Und du glaubst nicht an Gott?

N: Nein.

G: Warum denn nicht?

N: Das ist mir einfach zu naiv: Hier die böse Welt und dort der liebe Gott, das macht doch keinen Sinn!

G: Nein, das macht wirklich keinen Sinn, das sage ich auch immer.

H: Und warum soll das nicht gehen?

G: Weil du nicht gleichzeitig mit dem Hammer zuschlagen und daneben den Nagel gerade halten kannst. Das weißt du doch inzwischen.

H: Ich könnte ja einfach ganz leicht schlagen und so immer den Nagel wieder gerade richten zwischendurch.

G: Ja, das könntest du. Aber du solltest doch Bertha fragen dafür.

H: Aber ich mag sie nicht extra herholen.

G: Aber sie bräuchte das doch. Nie willst du ihre Hilfe. Sie würde dir so gerne helfen.

H: Aber den Nagel würde sie doch nicht halten wollen. Sie hat keinen Mut.

G: Heinrich, es ist keine Frage des Mutes, es ist eine Frage des Vertrauens. Wenn du nicht an ihre Hilfe glaubst, glaubt sie nicht an deine Hand, die schlägt. Verstehst du das?

H: Ja, ein bisschen.

G: Also hol sie.

H: Könnten wir das nicht mal versuchen, wenn es etwas weniger Schwieriges zum Helfen gibt?

G: Heinrich! Nun habe ich euch extra diesen Hund zulaufen lassen, damit du ein Hundehaus bauen kannst und damit sie dir beim Nagel-Einschlagen helfen muss. Also hol sie jetzt!

Gott

und Alfons 34, Bauer

A: Meine Felder bestelle ich besonders gern.
G: Du hast ja auch schöne Felder.
A: Stimmt. Und mit dem neuen Traktor Turbomatic SE VC3 geht das natürlich im Handumdrehen.
G: Ja, ich habe es gesehen. Beeindruckend.
A: Nun sind mir fast meine Felder wieder zu klein, um ihn voll auszufahren, den Turbomatic SE VC2.
G: VC3.
A: Ah, richtig, VC3. Ja, man müsste fast noch etwas mehr Land haben, um das volle Acker-Feeling reinzuholen. Kaum habe ich alle 18 Gänge hochgeschaltet, bin ich schon hinten bei Kari.
G: Ja, das sind so die Haken der Technik ...
A: Stimmt. Und dabei wäre ja alles nur da, um das Leben zu vereinfachen.
G: Ist halt recht heikel, das Leben, in dieser Beziehung.
A. Du meinst, es lässt sich nicht so leicht vereinfachen?
G: Hat seine Grenzen.
A: Stimmt, das merke ich nun auch mit meinem Turbomatic SD VL5.
G: VC3.
A: Richtig. VC3.

Gott

und Thomas 34, Metallurg

T: Und diese Eisen-Nickel-Myobdän-Verbindung erhitzen wir bis auf 1260 Grad und schrecken sie dann ab.
G: Und dann geht es nicht?
T: Nein, geht nicht.
G: Komisch.
T: Aber warum geht es denn nicht?
G: Vielleicht will es nicht, das Metall.
T: Aber es kann doch nicht einfach wollen und dann wieder nicht. Das ist doch Physik hier!
G: Und was ist denn Physik?
T: Physik ist, wenn es entweder geht oder nicht geht. Und nicht manchmal ja und manchmal nicht.
G: Ja?
T: Ja.
G: Und Ausnahmen?
T: Gott; es gibt keine Ausnahmen in der Physik.
G: Nein?
T: Nein.
G: Ja, dann gibt es eben mehr als Physik.

Gott

und Ariane 41, Komponistin

A: Höre es dir einmal an. (Spielt.)
G: Oh, klingt interessant. Ist es fertig?
A: Empfindest du es als fertig?
G: Soll Musik fertig sein?
A: Soll Hören überhaupt fertig sein?
G: Ich glaube, wir verstehen uns.

Gott

und Mathilde — 34, Chefsekretärin

M: Keinerlei Feingefühl, der Flegel!

G: Wer denn? Dein Chef?

M: Ja. Da habe ich ihm extra den Bericht zu Genf schon hingelegt, und dann faucht er mich an, ich soll nicht dauernd seinen Schreibtisch überfluten mit irgendwelchem Papierkram.

G: Ärgerlich so was.

M: Ja. Und dabei hat er mich noch selber gebeten, ich soll ihn unaufgefordert über die Geschäfte dort auf dem Laufenden halten.

G: Und das hast du gemacht?

M: Ja! Das war es ja! Das Papier war genau über jenes Geschäft. Es ist sehr wichtig für ihn.

G: Ach Mathilde, glaub mir, ich kann dich ein wenig verstehen. Mir geht es doch ähnlich. Was habe ich nicht auch immer für eine Mühe mit Dingen, die ich den Menschen zuschiebe und die sie nicht erkennen wollen!

Gott

und Benjamin — 76, Straßenmusikant

G: Und du sitzt in den Unterführungen und machst Musik?

B: Ja. Ich sitze einfach da und spiele.

G: Und das macht dich nicht traurig?

B: Nein. Ich habe ja meine Musik und die Menschen.

G: Aber oft hört dir doch gar niemand zu. Sie gehen einfach an dir vorbei.

B: Ja, das tun sie, aber ihre Herzen, die bleiben eine Sekunde stehen, lauschen kurz und rennen dann hinterher.

G: Du bringst mich zum Schmunzeln.

B: Siehst du, du bist ganz Herz.

Gott

und Pontifus III. 79, Papst

P: ... et orbimus colloqui spiritu sancti ...
G: Hallo!
P: ... in mundibus reellis cogitum erbum ...
G: Hallo, Ponti!
P: Sancti sacrorum nebulosum glorificatem...
G: Hallo, Pontifus, hörst du mich?
P: ... minitius ofilorum sacri spiritus ...
G: Ist wohl grad beschäftigt.

Gott

und Max 19, gar nichts

M: Ich mag die Scheiße nicht.
G: Was die?
M: Das senile Gedudel. Diese stocksteife Alpenflora-berieselung. Diese selbsgefällige Bierranzenkultur. Scheißmusik!
G: Folklore?
M: So ist's.
G: Kein Bock auf Folklore?
M: Null Bock.
G: Und Hip-hop?
M: Schon besser.
G: Punk?
M: Wie?
G: Punk!
M: Ist tot.
G: Aber trotzdem gut?
M: Ja.
G: Na, immerhin etwas. Gewisser Glaube an ein Leben nach dem Tod ...
M: Wie bitte?
G: Oh, nichts, ich sprach nur zu mir selber.
M: Was?
G: Schon vorbei. Und Lambada?
M: Oh nein, Gott, tu's mir nicht an! Lass dir mal ein paar ordentliche Plattentips geben. So von der schrägen Sorte, du weißt schon.

G: Schräge Sorte?
M: Ja, ja, wo's noch dröhnt in den Ohren, das Zeug.
G: Wonach denn?
M: Ja nach Groove und Funk und Soul, Män!
G: Ah. Und das heißt auf Deutsch?
M: Na, Seele und Fassvoll Power!
G: Seele und Kraft also, oder?
M: Ja!
G: Ja, das gefällt mir eigentlich auch sehr gut. Seele und Kraft. Da sind wir gar nicht so verschiedener Meinung.
M: Wie bitte?
G: Nichts, nichts, ich habe dir nur zugestimmt. (Später:) Schade, dass die Jungen heute so schlecht hören. Sie wären so inspiriert.

Gott

und Werner 41, Buchhalter

W: Stör mich jetzt nicht, Gott.
G: Pardon.
W: Ich bin mitten in einer wichtigen Berechnung. Das hättest du sehen müssen.
G: Tut mir Leid. Ich verstehe halt nichts von Buchhaltung; ich gebe meine Sachen meistens gratis.
W: Ich weiß, ich weiß, bin gleich fertig.
G: Lass dich nicht stören; ich wollte nur schauen, wie es dir geht.
W: Gut, gut, danke.
G: Und deine Frau?
W: Ist zu Hause.
G: Bist du sicher?
W: Was? Was sagst du? Wo ist meine Frau?
G: Sie ist zu Hause.
W: Gott, was soll das? Erst kommst du einfach herein, dann störst du mich beim Rechnen, und dann willst du mich auch noch erschrecken. Was willst du?
G: Ach, ich wollte nur reden. Mir ist manchmal so einsam zumute ohne dich.

Gott

und Peter — 54, Bahnhofsvorstand

P: Weißt du, was ich mache, wenn der letzte Zug gefahren ist?

G: Du legst dich ins Bett, denke ich.

P: Das ist leicht gesagt, Gott. Wie kann man sich ins Bett legen mit der einzigen Hoffnung, morgen wieder Züge abfertigen zu können?

G: Ist es deine einzige Hoffnung?

P: Ich wünschte, ich hätte mehr. Eine Frau, Kinder. Ein Leben für die Familie.

G: Ja, eine Familie ist etwas Feines.

P: Du sagst es. Und wer keine hat, der vermisst sie.

G: Vermisst du sie?

P: Ja, sehr. Gerade nachts, wenn keine Züge mehr fahren.
(Pause)

G: Weißt du, was ich dir einmal sagen wollte?

P: Nein, wahrscheinlich nicht.

G: Dass ich gerne bei dir bin.

P: In meinen nächtlichen Einsamkeiten?

G: Ja. In deiner nächtlichen Stille.

P: Gibt es da keine Stille, im Himmel?

G: Nein. Diese Art von Stille gibt es nur auf der Erde, nur dort, wo Menschen sind.

Gott

und Erich 46, Fußballtrainer

E: Nein, wie kann er nur, dieser Idiot!!
G: Hätte er das nicht tun sollen?
E: Nein, natürlich nicht. Diese Null, diese Flasche, diese Memme! Ah, es ist zum Verzweifeln!
G: Ach, komm doch, Erich; es ist doch nur ein Spiel.
E: Ja eben, es ist ein Spiel! Im Training mag so was ja noch angehen, aber hier ... Was glaubst du, was da alles dranhängt für uns?
G: Der Himmel?
E: Ach Quatsch! Der Aufstieg in die zweite Liga, die Zulassung für die Austauschspiele, die Gutschriften für die Clubräume, Pressevorteile und, und, und. Das ist schlicht die Chance für uns!
G: Ja, das ist allerhand. Und ich dachte immer, der Himmel sei so das Höchste für die Menschen.

Gott

und Franziska 49, Astrologin

G: Ich habe es immer noch nicht begriffen. Also noch einmal der Fall Alfons Hertig: Geboren am 26.4.1923.

F: Richtig, 26.4.1923. Und welche Uhrzeit?

G: 20'35 Uhr, glaub ich.

F: Gut. Und was für ein Sternzeichen gibt das also?

G: Rettich.

F: Es gibt keinen Rettich bei den Sternzeichen, Gott! Treib mich nicht zum Wahnsinn damit!

G: Aber ich komme einfach immer wieder auf Rettich bei ihm.

F: Aber das gibt es nicht! Was machst du denn nur falsch?

G: Ich weiß es auch nicht. Oder doch? Jetzt kommt mir eine Idee: Ich sehe den ganzen Himmel und die Sterne doch von oben statt von unten. Das muss es sein. Aber klar!

F: Oh Mann, und ich versuch ihm einen halben Nachmittag lang die Grundlagen der Astrologie zu erklären! Sternzeichen Rettich ...

Gott

und Manfred 29, depressiv

G: Komm, Manfred, erzähl mir einen Witz!
M: Ach nein, das kann ich nicht.
G: Los, komm schon, das kannst du schon.
M: Nein, nicht in dieser Stimmung.
G: Aber das bringt dich ja eben in eine andere Stimmung.
M: Das geht nicht. Da müsste ich ja zuerst in einer witzigen Stimmung sein, um dir einen Witz erzählen zu können. Das geht nicht.
G: Du meinst, du kannst mir keinen Witz erzählen, weil du nicht in die Stimmung gelangen kannst, wo du mir einen Witz erzählen kannst?
M: Ja, genau.
G: Ist ja grauenhaft, deine Lage.
M: So ist's.
G: Ja, dann borg ich dir halt so lange einen Witz, bis du in der Stimmung für einen Witz bist.
M: Was? Du willst mir einen Witz borgen, damit ich in eine witzige Stimmung komme und dir dann einen Witz erzählen kann?
G: Ja!
M: Gott, du bist ja vollkommen plemplem heute.
G: Aber nein, Manfred, darum geht es doch im Leben gerade. Man lässt sich etwas schenken und überflügelt seine eigene Stimmung damit. Danach gibt man's zurück und behält nur die Flügel.

A: Ach Gott, ich kann diese Gestalten, diese Punks, gar nicht mehr sehen.

G: Warum? Siehst du so schlecht?

A: Nein. Sie sind so eklig und widerlich. Schau dir nur ihre roten und grünen Haare an und ihre zerrissenen Kleider. Es ist schlimm. Und ihre Fingernägel. Eklig.

G: Ja, das stimmt schon. Nicht gerade ansprechend im ersten Moment. Aber die farbigen Haare, die finde ich lustig. Stell dir vor: Als ich damals an der Schöpfung arbeitete, habe ich mir auch überlegt, ob der Mensch farbige Haare haben soll oder nicht. Als Schöpfer ist man natürlich immer versucht, all die tollen Sachen auch noch zu kumulieren. Die Vögel und die Blumen und viele Geschöpfe sind ja auch wunderbar farbig.

A: Du hast es aber nicht gemacht.

G: Nein, ich habe es dann doch nicht gemacht. Ich fand, dass der Mensch eine gewisse Bescheidenheit im Äußeren braucht, sonst ist es noch viel schwieriger für ihn. Er soll ja farbig im Inneren werden.

A: Aber diese Kreaturen sind bestimmt pechschwarz im Inneren. Zerlumpt und lausig!

G: Ach, Antoinette. Sei ihnen nicht so böse. Sie haben einfach Sehnsucht nach der Farbe und nach dem Licht und Schatten. Es sind halt einfach hungrige Erdenbewohner. Die wollen die Schöpfung erleben. Da braucht es manchmal Extreme und Kontraste. Zudem sind sie noch jung.

A: Ja, das schon ...

G: Und du? Du bist außen grau und innen grau. Nicht dass ich das ablehnen würde, aber viel ist da nicht zu erleben dabei. Wenn du wenigstens eine schöne rote Unterhose tragen würdest ...

A: Aber Gott! Wie kannst du nur!

G: Siehst du, jetzt bist du auch etwas rot geworden. Steht dir ganz gut so.

Gott

und Renato 33, Motorradfahrer

G: Sag, Renato, kann man mit diesen Dingern auch normal fahren?

R: War etwas schnell, was?

G: Ziemlich schnell. Vor allem die eine Kurve da. Könnte auch mal laubig sein. Oder kiesig. Oder doch angefeuchtet. Die Dinge sind ja vielseitig in dieser Hinsicht.

R: Ja, stimmt. Aber das Gefühl dabei ist toll.

G: Dein Gefühl vielleicht schon. Dein Schutzengel aber ist fix und fertig. Er liegt da hinten auf der Wolke.

Gott

und Marlies 54, Wirtin

M: Das kann sie doch nun wirklich selber aufputzen! Sie hat es schließlich auch verschüttet.

G: Aber sie hat es doch nicht absichtlich getan.

M: Aber einen Fleck hat es trotzdem gegeben.

G: Ja, aber nicht so einen schlimmen.

M: Ach, hast du eine Ahnung, wie heikel die Gäste heute sind. So ein Teppich gehörte eigentlich bereits ausgewechselt. Und wer bezahlt mir das?

G: Dreh ihn doch einfach um, den Teppich. Unten ist bestimmt kein Fleck.

M: Ach Gott, du verstehst nichts von Teppichen. Unten ist er roh und struppig und geknüpft.

G: Besser als lose.

M: Ach! Er ist nicht schön unten.

G: Aber unterdessen schöner als oben.

M: Gott, reiss mir nicht den Nerv aus mit deinen Albereien!

G: Ich wollte ja auch nur ein wenig spaßen. Du bist immer so ernst und struppig, wie ein umgedrehter Teppich. Das ist nicht gut.

M: Bei dem Leben ...

G: Genau. Lass dir wieder einmal die Seele schamponieren, damit die Flecken weggehen und du wieder deine Innenseite zeigen kannst.

M: Die Seele schamponieren?

G: Ja.

M: Und wer schamponiert mir die Seele?
G: Na, ich.
M: Du schamponierst mir meine Seele?
G: Ja. Du reinigst hoffentlich auch die Flecken, die andere gemacht haben.

G: Und würdest du es mir erklären?
H: Oh ja. Aber es ist nicht ganz einfach. Es handelt sich schon um eine recht verzwickte Sache.
G: Verzwickte Sache?
H: Ja. Da spielen diverse Dinge und Nebenüberlegungen hinein, die ich dir unmöglich so ohne Vorbereitung erklären kann.
G: Hineinspielen?
H: Ja. Genau. Und obendrein haben wir selber noch nicht ganz die Höhe des Wissens erklommen, was diese Sache angeht. Da verschleiert sich noch einiges.
G: Verschleiert sich?
H: Ja. Sehr.
G: Und die Höhe des Wissens?
H: Nein, auch noch nicht ganz. Aber wir werden es schaffen. Wir haben Vertrauen in unsere Methoden und in die Untrüglichkeit des wissenschaftlichen Geistes.
G: Welches Geistes?
H: Des wissenschaftlichen Geistes.
G: Ah ja, der.
H: Genau. Und obendrein scheint sich auch von der anderen Seite etwas anzubahnen.
G: Von der anderen Seite?

H: Ja. Bei den Biochemikern tut sich in dieser Richtung nämlich auch etwas. Da muss man immer wachsam sein und herumhören. Du verstehst: interdisziplinär denken!

G: Oh ja.

H: Darum habe ich auch noch nicht alles gesagt, was ich weiß.

G: Ah, darum.

H: Genau. Aber es wird der Moment kommen, da werd ich's dir erklären können, bis ins Detail. Und das ist das Wichtigste.

G: Toll.

H: So ist es. Ist es dir jetzt klarer?

G: Hannibal, ich habe ein gutes Gefühl. Zuerst war ich noch etwas skeptisch, aber jetzt glaube ich, das kommt ganz gut. Du bist zwar kein typischer Forscher, aber du hast irgendwie die richtige Gefühlslage dazu, und du benutzt schöne Worte für die Dinge, die du nicht weißt.

Gott

und Theophil 61, Mönch

T: Gott, wie kann ich meinen Glauben nur vertiefen?
G: Aber Theophil, du glaubst doch schon ganz prima.
T: Aber ich will doch voll und ganz bei dir sein.
G: Das kommt doch von alleine.
T: Wie denn?
G: Glaube einfach daran.

Gott

und Jacques 43, Philosoph

J: Ich denke, also denke ich.
Besser: Ich bin, also denke ich. Oder: Ich bin, also bin ich.
Rätselhaft. Vielleicht: Ich denke, also bin ich.
Nein, auch nicht. Hallo, Gott!

G: Hallo, Jacques.

J: Gott, ich habe ein Problem.

G: Du hast immer ein Problem; davon lebst du ja.

J: Ja, aber jetzt habe ich ein ganz kniffliges. Wie heißt es richtig: »Ich bin, also denke ich«, oder »Ich denke, also denke ich«, oder »Ich bin, also bin ich«, oder ...

G: Es heißt: »Ich bin.«

J: Aber das ist ja gar kein philosophischer Ansatz mehr.

G: Eben.

U: Nein, und das würde mir auch keine Probleme bereiten. Karl hat mir das übrigens schon mehrmals angeboten, und wenn ich will, kann ich da jederzeit zugreifen.

G: Ja?

U: Oh, ja.

G: Urs, was erzählst du mir wieder für einen Mist. Das ist doch alles gar nicht wahr. Wie soll ich dir denn glauben, wenn du mir immer solchen Käse erzählst? Der Karl hat dir gar nichts angeboten, und deine Kasse geht auch langsam zur Neige. Was soll das alles?

U: Ich wollte dich nicht enttäuschen.

G: Aber du enttäuschst mich doch nicht damit. Du enttäuschst mich mit deiner Schwafelei. Als ob ich irgendein Depp wäre, dem man das alles nicht zumuten könnte.

U: Es tut mir leid. Ich wollte das nicht so. Ich hatte nur Angst, dir die Wahrheit zu sagen.

G: Ist schon gut. Was also ist los?

U: Es geht mir nicht gut.

G: Aha. Endlich eine positive Antwort. Da können wir etwas draus machen.

Gott

und Karl 49, Baggerfahrer

G: Warum bist du so wütend?
K: Weil ich den Stein nicht aus dem Boden kriege.
G: Aber er ist ja auch zu groß für deinen Bagger.
K: Trotzdem. Er soll raus. Und um elf kommt der Baumeister. Dann muss er weg sein.
G: Warum denn? Ist es nicht normal, dass da Steine im Boden sind?
K: Nicht so große.
G: Stimmt, das ist ein ganz großer und toller. Du siehst übrigens erst ein Viertel davon.
K: Mach mich nicht fertig.
G: Aber nein. Ich wollte dich nicht treffen. Aber die großen Steine müssen ja auch irgendwo sein.
K: Aber nicht hier, wo ich baggern muss!
G: Oh doch, Karl, gerade hier. Es gibt Steine, die sehnen sich richtig danach, dass die Menschen an ihnen herumbaggern. Das brauchen sie.

Gott

und Josephine — 33, Prostituierte

G: Und das alles habe ich gemacht?
J: Oh ja. Jedes Detail ...
G: Keine Details bitte. Zieh dir lieber etwas an.
J: Aber ich würde mich doch gerne einmal von meiner besten Seite zeigen ...
G: Deine beste Seite ist innen und ich kenne sie recht gut.
J: Aber meine äußere Seite ist doch auch nicht schlecht, oder?
G: Josephine, du bist ein Bengel.
J: Bin ich?
G: Ja. Und zieh dir etwas an jetzt.
J: Soll es etwas Bestimmtes sein, Gott?

Gott

und Viktor 31, Bürogeräte-Verkäufer

G: Und das da?
V: Oh, Gott, nicht da anfassen, das da, das ist sehr empfindlich.
G: Ah ja. Und was ist es?
V: Ein neues Bildschirmtelefon.
G: Oh. Und was kann das?
V: Es zeigt ein Bild, während man telefoniert.
G: Ein Bild?
V: Ja, ein Bild vom anderen Menschen, den man anruft.
G: Ein Foto?
V: Nein, ein echtes Bild.
G: Ein echtes Bild?
V: Ja, ich meine, ein Fernsehbild sozusagen.
G: Ah, so eins. Und was nützt das?
V: Man kann sich nun sehen beim Reden.
G: Und spüren?
V: Das noch nicht.
G: Nein? Man kann sich nicht spüren beim Reden?
V: Nein, leider nicht.
G: Schade.
V: Warum schade?
G: Nun, Reden ohne Spüren nützt nicht sehr viel.

G: Und all die Materialisten und Gierhälse und Börsenspekulanten?

H: Ach Gott, du weißt ja, wie das ist.

G: Aber wenn das nun nicht mehr aufhört, mit dieser Gier?

H: Das hört schon wieder auf, Gott, glaub mir. Geld kann man nicht essen, nicht liebhaben und auch nicht darüber lachen. Sie werden es schon merken, die Menschen.

G: Glaubst du?

H: Ja, da bin ich ganz sicher. Aber die Erde wurde ja auch nicht in drei Tagen geschaffen. Man muss ihnen etwas Zeit lassen, den Menschen. Und man muss sie sehr, sehr liebhaben, dann geht es schon.

G: Ach Hyazinth, du tröstest mich. Manchmal denke ich wirklich, ich sei zu alt für diesen Job. Dann wächst mir alles über den Kopf.

H: Ja, ja, das stimmt. Aber du wirst sehen, wir kriegen das schon noch hin; man muss nur fest daran glauben. Die Menschen nennen das »die Kraft des positiven Denkens«; klingt doch schön, nicht wahr?

G: Oh ja. Klingt sehr schön. »Die Kraft des positiven Denkens«. Wunderbar. Wie sie das nur wieder gefunden haben, diese Schlaumeier.

Gott

und Alois — 79, Pendler, Rutengänger

A: Ah, hier muss etwas sein!
G: Soso.
A: Doch, klar, ich spür es ganz genau.
G: Es ist überall etwas.
A: Aber hier ist etwas ganz Besonderes.
G: Ah ja. Kannst du es beschreiben?
A: Nein, ich kann nicht sagen, was es ist. Am ehesten eine Art Kraftfeld, elliptisch oder rund vielleicht.
G: Hm. Und was ist deiner Meinung nach das ganz Besondere daran?
A: Ich weiß nicht. Ich würde sagen, es hat eine sehr heilende Wirkung auf Menschen und Tiere hier.
G: Alles hat eine heilende Wirkung, wenn man es liebt.
A: Ach, du willst mir nur nicht sagen, was es ist.
G: Nein, dazu bin ich natürlich zu stolz.
A: Soso. Und wenn ich dich höflich danach fragen würde?
G: Ja, dann vielleicht.
A: Also, was ist es?
G: Aha, ich soll's also sagen?
A: Ja.
G: Es ist ein großer runder Stein.
A: Ah, eben doch.

G: Was eben doch?
A: Ein großer runder Stein.
G: Oh ja.
A: Und wie erklärst du dir nun die heilende Wirkung?
G: Davon hast du doch gesprochen, nicht ich.
A: Stimmt. Aber trotzdem: Könnte da nicht eine heilende Wirkung davon ausgehen?
G: Ja, schon.
A: Was für eine denn?
G: Das würdest du gerne wissen?
A: Oh ja.
G: Nun, zum Beispiel, dass der Stein unter dir ist und nicht über dir.
A: Ah, Gott, du ewiger Zyniker.
G: Ach komm, Alois, du bist auch nicht viel besser. Was kriegt man denn da als Gott für einen Eindruck, wenn einer dauernd mit dem Pendel in der Schöpfung rumkitzelt? Als ob die Dinge nicht schon deutlich genug wären.

Gott

und Darleen 20, Verkäuferin

D: Gott, wie kannst du nur so rauhbeinig sein?
G: War ich rauhbeinig?
D: Ich habe doch genau gesehen, wie du mich in dieses Unglück mit Fred gestoßen hast.
G: Hab ich das?
D: Ja. Und zwar absichtlich.
G: Aber vielleicht bist du da selber hineingefallen?
D: Das glaube ich nicht. Fred war nämlich ein feiner Kerl und hätte das nicht einfach so gemacht, wenn ihm nicht diese Gans über den Weg gelaufen wäre.
G: Gans?
D: Brigitta oder so.
G: Ja, dann war sie es vielleicht, die dich ins Unglück gestoßen hat.
D: Nein, sie alleine hätte das nie geschafft, ihn so rumzukriegen.
G: Ja, hab ich ihn denn rumgekriegt?
D: Nein. Ach, du verdrehst nur alles. Du willst nur nicht, dass du einmal schuld bist an etwas. Du willst nur immer den Heiligen spielen. Kaum will man dich einmal belangen für etwas, streitest du gleich alles ab.

Gott

und Martin 44, Patentanwalt

M: Das kann ich leider so nicht akzeptieren.

G: Aber ich habe es eigenhändig gemacht.

M: Du hättest es eben beglaubigen lassen sollen, damals.

G: Aber da gab es noch keine Notare und Anwälte oder sonstwas.

M: Das tut mir ungeheuer leid, aber dann kann ich nichts machen. Rückwirkend ist das immer schwierig mit solchen Sachen. Schließlich könnte irgendein Gott kommen und sagen, dass er das gemacht habe und man es nicht einfach verändern dürfe.

G: Es gibt nur einen Gott.

M: Ja, klar, aber das Gesetz berücksichtigt eben alle Fälle, auch jene, wo es es noch andere Götter geben könnte.

G: Mag sein, dass da noch andere kommen, wenn es so im Gesetz vorgesehen ist, aber damals war ich alleine.

M: Wie gesagt, es geht nicht ums Wollen, Gott. Ich persönlich glaube ja sogar, dass du all die Dinge erschaffen hast und dass man sie nicht einfach so verändern oder patentieren lassen sollte. Als Anwalt aber muss ich da ganz anders denken und handeln. Zudem würde es gegen die neuen Richtlinien des GATT verstoßen.

G: Was für Richtlinien?
M: GATT.
G: Wie hieß das?
M: GATT.
G: Also doch ein neuer Gott.

Gott

und Claude 36, Astronaut

C: Sie klemmt! Sie klemmt! Ich habe es dir doch gesagt. Sie muss einfach klemmen!

G: Ach komm, Claude, mach kein solches Theater hier draußen. Es gibt viele Schrauben, die klemmen.

C: Ja, aber nicht solche im Weltraum und nicht solche an der Ladeluke zum Sonnensegelraum, und vor allem nicht solche, die ich unbedingt aufkriegen muss.

G: Ach, du siehst das zu eng, Claude. Wenn der Satellit klemmt, dann muss man halt einen neuen bauen, der nicht mehr klemmt.

C: Gott, treib mich nicht zum Wahnsinn. Das Ding hat 700 Millionen gekostet.

G: Aber das ist hier draußen doch gar nicht mehr relevant. Was willst du denn im Weltraum mit 700 Millionen anfangen? Hier hättest du wohl lieber ein saftiges Steak oder ein bisschen frische Luft. Habe ich nicht Recht?

C: Natürlich hast du Recht, wie immer, aber du kennst uns Menschen doch, wir sind da manchmal etwas fixiert. Also hilf mir lieber die Schraube lösen. Bitte.

G: Und alles nur wegen weiterer 150 Fernsehkanäle. Ich habe schon Sinnvolleres gemacht.

C: Ah! Sie löst sich, sie löst sich!

G: Sehr gut. Damit können wir nun alle getrost zur Erde zurückfliegen.

C: Ach, sei nicht eingeschnappt, Gott. Das ganze Zeug ist doch nur von momentaner Dauer.

G: Ja eben, leider. Mir wäre lieber, ihr würdet einmal mit ähnlichem Aufwand eure Liebessegel aufspannen. Da hättet ihr auch sofort 150 Kanäle mehr. Aber was für welche!

Gott

und Arnoldius 59, Bischof

A: Nun, das scheint mir etwas heikel, es gerade so auszudrücken; ich würde hier eher die Formulierung »sowohl Männer als auch - später vielleicht einmal - Frauen» wählen. Denn ich denke, gerade auf diesem Gebiet sollte man nichts überstürzen und sich primär dem eigentlichen Sinn der Sache anvertrauen.

G: Ach ja?

A: Ja. Meinst du nicht auch?

G: Oh doch. Ich dachte nur, man könne hier etwas mit der Zeit gehen und die Sichtweisen leicht lockern.

A: Nun, wenn es nur um die Sichtweisen ginge, lieber Herrgott; aber da steckt ja so viel anderes noch dahinter, so viel Subtiles und zu Berücksichtigendes; das ist ja alles ungeheuer vielschichtig. Das kann man sich aus der Distanz des Himmels gar nicht so richtig vorstellen. Da muss man wirklich sehr behutsam mit umgehen.

G: So, behutsam?

A: Ja. Schweren Herzens muss ich sagen: ja. Es ist einfach noch nicht Zeit, hier etwas zu überstürzen und einen voreiligen Plafond zu konsolidieren. Das kennst du ja von der Schöpfung her. Die Dinge wollen überdacht, wollen reif sein. Was nützt es uns, wenn wir später einsehen müssen, dass die Grundlagen dazu noch gar nicht vorhanden waren? Das ist doch gerade für diese so eminent wichtige Mission, die wir beide hier haben, unverantwortbar. Nein, Gott, ich bin mit dir völlig einig, man muss es noch etwas ruhen lassen mit dieser Sache.

G: Aber ich ...

A: Ich auch, Gott, ich auch.

Gott

und Ralph 53, Ballonfahrer

R: Glaubst du, es wird regnen?
G: Wieso regnen?
R: Oh, es kann schnell regnen hier oben.
G: Bei den Wolken?
R: Oh ja, wenn man dicht an sie ranfährt.
G: Ja, dann schon.
R: Glaubst du, ich sollte nicht so dicht an sie heranfahren?
G: Du kannst ja eine Kurve fahren.
R: Ich kann aber keine Kurve fahren mit dem Ding.
G: Dann musst du auch ein wenig Regen aushalten können.
R: Kommt es denn schlimm?
G: Es kommt, wie's kommt.
R: Wirklich? Soll ich vielleicht besser notlanden jetzt?
G: Wegen mir nicht.
R: Aber wegen mir?
G: Kann schon sein.
R: Heißt das, es wird gefährlich?
G: Das Leben ist immer gefährlich.
R: So schlimm?
G: Sag mal, Ralph, wo ist eigentlich die Wolke, über die wir sprechen?
R: Oh, ich dachte, da sei eine.

Gott

und Bernhard 59, Lastwagenfahrer

G: Bernhard, warum bist du nur wieder so brummig?

B: Ach, ich hab doch einfach keine Lust.

G: Worauf keine Lust?

B: Ich weiß es nicht. Auf nichts. Das Leben ist so mühsam.

G: Was kann ich für dich tun?

B: Ich weiß es nicht. Mach das Leben doch etwas leichter.

G: Soll ich dir den Anhänger abkoppeln?

B: Nein! Nur das nicht!

G: Aber wenn man die Hälfte abhängt, ist man leichter am Ziel.

B: Ja, aber dann fehlt dort die Hälfte, und man muss nochmal fahren.

G: Ja?

B: Ja, so ist das.

G: Soso.

Gott

und Uwe 31, Rockmusiker

G: Sag, Uwe, muss das so schräg klingen?
U: Klar, Gott, das weißt du doch, dass es muss.
G: Ja, schon, du hast es mir ja bereits einmal erklärt, aber irgendwie leuchtet es mir immer noch nicht ein. Vor allem, wenn ich es wieder höre.
U: Na gut, ich erklär's dir nochmal. Aber lass mich diesmal auch ausreden.
G: Ja, klar.
U: Also. Ich stehe am Morgen auf und ich fühle mich schlecht.
G: Aber warum fühlst du dich schlecht?
U: Ach Gott, lass mich doch ausreden.
G: Ja, gut.
U: Also, ich stehe am Morgen auf und fühle mich schlecht.
G: Kann man da nicht etwas dagegen tun?
U: Gott!
G: Ah, pardon.
U: Also nehme ich meine Gitarre und drehe den Verstärker voll auf und lass dröhnen. Klar?
G: Nein! Jetzt habe ich den Schritt wieder nicht verstanden.
U: Welchen Schritt?
G: Ja, den Schritt zwischen dem Aufstehen und dem Verstärker-dröhnen-Lassen.
U: Aber das ist doch genau der Witz an der Sache.

G: Was für ein Witz?
U: Na, dass ich mich danach wieder gut fühle.
G: Ja, wieso denn?
U: Ja, weil ich eben Rockmusik mache.
G: Darum fühlst du dich wieder gut?
U: Ja.
G: Mit diesen schrägen Tönen?
U: Genau.
G: Eigenartig.
U: So ist's.
(Pause)
G: Das ist schon toll.
U: Was denn?
G: Rockmusik.
U: Warum jetzt plötzlich?
G: Ach, das verstehst du nicht.

Gott

und Rolf — 29, Schlosser

R: Gott, reich mir mal den Schraubenschlüssel.
G: Na, hör mal, wer ist denn hier der Schlosser?
R: Ja eben. Ich brauch hier einen. Hab keine Hand frei.
G: Und das geht so einfach?
R: Ja. Du hast hoffentlich keine Mühe, mir den Schraubenschlüssel zu reichen, nach dem, was du sonst schon alles vollbracht hast.
G: Ja, schon. Aber meine Aufgabe ist es nicht, dir jetzt hier den Schraubenschlüssel zu reichen.
R: Ja, dann tu halt mal etwas extra. Davon reden die Leute doch alle in der Kirche.
G: Ah ja? Was meinen sie damit? Dass man faulen Schlossern den Schraubenschlüssel reichen soll?
R: Unter anderem wohl ja. Ist doch nichts Schlechtes dabei, mir den Schraubenschlüssel zu geben.
G: Nein. Aber es ist etwas Schlechtes dabei, es so zu verlangen.
R: Na gut. Dann bitte ich dich eben höflich, mir nun den Schraubenschlüssel zu geben.
G: Warum denn?
R: Weil ich nicht hinkomme mit meiner Hand.
G: Ist dein Arm zu kurz?
R: Ja.
G: Soll ich ihn dir länger machen? Ist sofort gemacht!
R: Nein, nur das nicht.
G: Warum denn nicht?

R: Weil er genau richtig ist so.

G: Siehst du. So ist das eigentlich mit vielen Dingen in der Schöpfung. Unter anderem auch mit deinem Schraubenschlüssel. Er liegt gar nicht so falsch dort. Aber du liegst noch nicht ganz richtig.

Gott

und Bertha — 57, Hausfrau

G: Bertha. Was ist denn los? Du bist ja richtig am Schimpfen.

B: Ach, ich kann das Zeug nicht ausstehen. Kaum fange ich an zu wischen, da fliegt alles wieder auf, und ich ersticke fast darin.

G: Der Staub?

B: Ja. Ekelhaft. Ich muss dauernd niesen. Wozu hast du das nur gemacht, Gott? Das ist nun wirklich eine Plage und zu nichts nütze.

G: Oh nein, Bertha, im Gegenteil! Im Staub mischt sich das Universum.

B: Wie bitte?

G: Oh ja. Stell dir nur einmal vor, was da alles zusammenkommt: Flusen von deinem Perserteppich, Gummi aus Brasilien, Bleistiftstaub und Sägemehl. Vielleicht sogar ein Wassertropfen aus einem fernen Brunnen; Partikel aus allen Ecken der Welt.

B: Und das soll etwas Interessantes ergeben?

G: Oh ja. Es juckt ja sogar in der Nase.

G: Und das da, kannst du das nicht gebrauchen?
F: Das kommt später, von dem da hab ich nämlich nur eins.
G: Ah. Aber wie machst du jetzt die Brücke?
F: Ich nehme jeweils diesen Karton und stecke ihn in die beiden Schlitze. So.
G: Hält das?
F: Es geht so. Du darfst nicht so drücken, wenn du drüberfährst.
G: Nein, ich fahr ganz sanft. Soll ich den Chevrolet nehmen?
F: Ja, wenn du willst.
G: Fährt der gut?
F: Es geht so. Der Rote fährt besser.
G: Der Ferrari?
F: Ja.
G: Ich nehm den Ferrari.

Gott

und Charles 43, Makler

G: Charles, wie geht's Geschäft?
C: Danke, danke, kann nicht klagen.
G: Sind deine Cooper-Aktien wieder auf gutem Fuß?
C: Ja, danke für die Nachfrage; haben sich wieder bestens erholt und stehen heute auf 634,5 Punkten.
G: Oh. Das bedeutet wohl eine Menge Geld?
C: Ja, schon, aber Geld ist nicht alles, du weißt schon.
G: Ja, ja, klar.
C: Und du? Wie stehen deine Geschäfte?
G: Danke, ich habe zwar keine Geschäfte im eigentlichen Sinn, aber trotzdem viel zu tun.
C: Schön, schön. Und die Welt, wie entwickelt sie sich?
G: Nun, gemischt. Die eine Hälfte strengt sich wirklich an, bei der anderen ist es etwas kritisch zur Zeit.
C: Du meinst die Drittweltproblematik. Ja, ja, ist schon eine schlimme Sache. Die werden das vielleicht nie mehr aufholen.
G: Ich habe es eigentlich umgekehrt gemeint. Aber das mit dem Aufholen stimmt schon: sehr fraglich, ob ihr es schafft, Charles.

Gott

und Gerda — 61, Kirchgängerin

Ge: O Herr, lass mich deine Dienerin sein. Lass mich eintreten für deine Sache. Ich möchte es dir recht machen. Nichts soll meinen Weg zu dir trüben.

G: Gerda...

Ge: Meine Worte sollen wahr sein. Wahr und weise.

G: Gerda!...

Ge: Meine Taten gut und herzlich. Ich will immer für dich dasein. Ich will Gut von Schlecht unterscheiden.

G: Hallo, Gerda!

Ge: Mein Weg soll der Herr sein. Er ist der einzig wahre. Ich bin seine Magd.

G: Gerda!!

Ge: Nichts soll mi ...

G: Gerda, lass den Blödsinn. Das hält ja kein Gott aus!

Gott

und Lara 5

L: Ich denke mir eine Zahl, und du musst sie erraten.
G: Gut. Aber keine allzu schwierige.
L: Nein, nein, ich nehme eine ganz einfache. Gut, du kannst raten.
G: Drei.
L: Nein.
G: Fünf.
L: Nein.
G: Zwölf.
L: Nein.
G: Ich kann es nicht erraten.
L: Sieben.
G: Ah, wie konnte ich nur. Die Sieben habe ich ganz vergessen.
L: Willst du noch einmal?
G: Ja.
L: Gut. Also, du kannst nochmal raten.
G: Neun.
L: Nein.
G: Elf.
L: Nein.
G: Acht.
L: Ja!
G: Toll.
L: Du hast es erraten. Jetzt darfst du dir etwas wünschen dafür.

G: Von dir?
L: Ja.
G: Dann wünsche ich mir einen bunten Stein.
L: Ah, du bist ganz schön schlau; die sind nämlich schwierig zu finden.
G: Oh ja? Aber ich kann dir ja helfen.
L: Nein, sonst ist es kein echter Wunsch mehr.
G: Stimmt. Aber ich kann dich doch begleiten beim Suchen.
L: Gut, das kannst du. Aber nicht sagen, wenn du einen siehst.
G: Nein, nein. Ich komm einfach nur mit.

Gott

und Greta 46, Managerin

Gr: Was ich überhaupt nicht leiden kann, sind diese Nörgler und Besserwisser.

G: Nein?

Gr: Nein, überhaupt nicht. Und was ich genauso grauenhaft finde, sind diese Simulanten und Hypochonder. Ekelhaft.

G: Ekelhaft?

Gr: Ja. Da hört meine Geduld also auf.

G: Und was fängt da an?

Gr: Was fängt wo an?

G: Ja, was fängt da an, wo die Geduld aufhört?

Gr. Nichts. Die Nerven fangen da an.

G: Ach, komm doch, Greta: Was fängt da an?

Gr: Ich weiß es nicht. Was soll da anfangen?

G: Aber Greta: Die Liebe fängt da an.

Gr: Wie soll das heißen?

G: Liebe.

Gr: Nie gehört.

G: Ach Greta, jetzt nimmst du mich aber auf den Arm.

Gr.: Ja, okay, ich weiß ja, was du meinst. Aber du kannst von mir doch nicht verlangen, dass ich die Leute auch noch gern habe, die mich schon nerven.

G: Natürlich. Das ist doch der Witz an der Liebe.

Gr: Was für ein Witz?

G: Ja, der Sinn der Liebe überhaupt.
Gr: Ja?
G: Ja! Also, wenn du das nicht verstehst, Greta, wirst du im Himmel nicht mehr Managerin sein.

Gott

und Kathrin — 49, Hausfrau

K: Glaubst du, man hätte das verhindern können?

G: Vielleicht. Ich weiß es nicht.

K: Wasser hatte sie, einen rechten Topf auch, und das Licht schien mir auch etwa zu stimmen.

G: Ja, es ist oft schwierig zu sagen, warum das Lebendige andere Wege geht, als man denkt.

K: Oder hätte ich sie ins Wohnzimmer nehmen sollen?

G: Ich glaube nicht. Es sei eine eher stille Pflanze gewesen, sagst du.

K: Ja, eher. Vielleicht hätte ich ihr auch den Platz bei der Küchenablage geben sollen. Sie mochte wohl die Morgensonne. Weißt du, es ist schon seltsam; es war nur eine Pflanze, aber man kommt richtig ins Sinnieren, wenn sie einen dann plötzlich verlässt.

G: Ja, mir geht es auch so.

M: Nein! Nein, es darf nicht wahr sein! Gott, wie kannst du nur!

G: Pardon? Habe ich grad nicht aufgepasst?

M: Mein Geld! Mein Geld ist weg! 125.000 Dollar! Weg, schwupp, weg, verspekuliert!

G: Ach ja?

M: Ja! Und du lässt das einfach zu?

G: Äh, ja, stimmt. Da hab ich grad nicht aufgepasst. Tut mir leid.

M: Was? Du hast nicht aufgepasst? Und überlässt mich einfach so meinem Schicksal?

G: Nun ja, ich dachte grad an eine wichtige geschäftliche Sache, da konnte ich einen Moment nicht aufpassen.

M: So. Deine geschäftlichen Sachen gehen also noch vor meinem Schicksal. So siehst du das also.

G: Es tut mir leid. Aber nachdem deine geschäftlichen Sachen jeweils vor meinen Dingen standen, habe ich halt gedacht, du wärest mit dieser Gangart einverstanden… Gentleman's Agreement sozusagen; du verstehst?

Gott

und Alice — 36, Personalchefin

A: Und wie ist deine Anschrift?
G: Gott im Himmel und auf Erden.
A: Sehr schön. Zwei Wohnsitze oder Pendler?
G: Zwei permanente Wohnsitze.
A: Aha. Und deine Telefonnummer?
G: Ich habe keine Nummer; zu mir hat jeder einen Draht.
A: Klar doch. Bist du schon versichert?
G: Nein, aber sehr, sehr sicher.
A: Sehr sicher?
G: Ja. Sehr.
A: Gut. Wie wünschst du den Lohn ausbezahlt?
G: Persönlich und menschlich.
A: Ich meine, auf welches Konto?
G: Du kannst auf jedes Herz einzahlen.

E: Und dann zeige ich ihnen also zuerst den falschen Vogel.

G: Und die Kinder müssen raten?

E: Ja, genau.

G: Und welches ist der falsche Vogel?

E: Das variiere ich jedes Mal; damit es nicht zu einfach wird.

G: Oh, du bist ein richtiger Lehrer, nicht wahr?

E: Oh ja. Gemein und trickreich. Aber natürlich meine ich es gut mit ihnen.

G: Ja?

E: Ja, ja. Und das merken sie auch. Kinder sind da sehr sensibel.

G: Und du? Lässt du dich auch belehren von ihnen?

E: Ich sollte. Du hast schon Recht. Aber das ist gar nicht so einfach. Und doch muss man sich klar sein, dass Kinder einem oft überlegen sind. Oder es einmal sein werden.

G: Ja, ja, das stimmt. Die sind nur so klein, weil sie noch so jung sind.

Gott

und Herlinde — 54, Hausfrau

H: Wie mach ich das nur! In zehn Minuten sind sie da, und das Soufflé ist völlig zerfallen!

G: (Schaut in den Backofen:) Uh, ja. Sieht schlecht aus.

H: Was soll ich nur, was soll ich nur? Und meine Frisur ist auch so grauenhaft!

G: Soll ich sie aufhalten mit einer Reifenpanne?

H: Nein, nein, lass nur.

G: Oder ihnen das falsche Datum ins Gedächtnis geben?

H: Nein, nein, ist schon gut.

G: Oder die Abmachung ins Restaurant verlegen?

H: Nein, nein, geht schon. Ich werd es schon irgendwie hinkriegen. Und Margrit ist auch keine Spitzenköchin. Ihr Cremedessert war genauso zerfallen.

G: Ja?

H: Ja, ja. Und überhaupt darf man ja auch merken, dass es von Hand gemacht ist und dass ich nebenher noch arbeiten muss, seit Gerhard weg ist. Ich werd es schon irgendwie hinkriegen.

G: Das freut mich.

H: Ja, ja, lass nur, ich glaube, ich kann es jetzt wieder alleine. Ich ruf dich dann später nochmal, wenn alles vorbei ist.

Gott

und Ferdinand 73, Fischer

F: ...und dann nehme ich den Wurm und stülpe ihn auf den Angelhaken.

G: Uh! Unangenehmes Gefühl.

F: Ja, ich weiß. Gewöhnt man sich aber mit der Zeit dran.

G: Was ja nicht unbedingt der Sinn der Gefühle ist.

F: Hm. Jedenfalls nehme ich dann meine Rute und werfe sie weit aus. So.

G: Und dann wartest du.

F: Ja.

G: Wartest du manchmal lange?

F: Oh ja. Stunden, Tage. Manchmal beißt überhaupt keiner an.

G: Warum denn nicht?

F: Ich weiß nicht. Das müsstest du doch eigentlich wissen.

G: Nein, ich weiß es nicht. Ich müsste sie auch zuerst fragen, die Fische. Aber sie werden schon einen Grund haben.

F: Ja, wahrscheinlich.

G: Und wenn du wartest, was machst du dann?

F: Nun, warten.

G: Sonst nichts?

F: Nein.

G: Machst du dich nicht innerlich bereit für den nächsten Fisch?

F: Nein, wieso?
G: Ja, weil die Fische vielleicht auch warten.
F: Worauf denn?
G: Ja, bis du bereit bist.

Gott

und Klemens — 61, Pfarrer

K: Was für ein wunderbarer Morgen! Findest du nicht auch, Herr?

G: Großartig, wirklich. Was machst du heute?

K: Oh, ich sollte noch so vieles machen. Die Predigt von morgen, dann die Besuche im Altersheim und im Spital, Frau Meier möchte mich sprechen und, und, und…

G: Ach Klemens. Du solltest wieder einmal einen Spaziergang machen. Weißt du, nicht nur einmal um den Friedhof wie sonst immer, sondern etwas weiter. Heute ist doch ein toller Tag dafür; da stimmst du mir doch zu?

K: Ja, schon. Aber all meine Verpflichtungen? Was soll ich damit machen? Ich bin doch schließlich Pfarrer.

G: Ruf die Menschen doch an. Sag ihnen, du wollest heute einen Tag für dich verbringen. Ihr habt ja dieses praktische Ding, dieses Telefon. Sag's doch damit.

K: Und meinst du, ich könne ihnen einfach so sagen, ich könne nicht kommen?

G: Nein. Du sollst ihnen sagen, du wollest nicht kommen. Das ist viel ehrlicher; das brauchen die Leute, Klemens.

K: Aber dann sind sie enttäuscht.

G: Nein. Nicht wenn du es mit deinem kirchlichen Charme sagst. Sag, Gott hätte dir gesagt, du sollest heute ordentlich spazieren gehen. Da haben sie bestimmt nichts dagegen.

K: Ja, du hast vielleicht Recht. Das könnte ich.

Die Deutsche Bibliothek - CIP-Einheitsaufnahme
Hasler, Paul Dominik:
Rückruf : göttliche Dialoge / Paul Dominik Hasler. - Stuttgart :
Kreuz, 1998
ISBN 3-7831-1614-7

2 3 4 5 02 01 00 99 98

Postfach 80 06 69, 70506 Stuttgart, Tel. 030-78 80 30
Umschlaggestaltung: Jürgen Reichert, Stuttgart
Umschlagbild: Klaus Müller, Augsburg
Satz: Rund ums Buch, Rudi Kern, Nürtingen
Druck und Bindung: Clausen & Bosse, Leck
ISBN 3 7831 1614 7